Ernst Probst

Die Aunjetitzer Kultur - Eine Kultur der Bronzezeit vor etwa 2300 bis 1600/1500 v. Chr.

Ernst Probst

Die Aunjetitzer Kultur - Eine Kultur der Bronzezeit vor etwa 2300 bis 1600/1500 v. Chr.

GRIN Verlag

Die Deutsche Bibliothek verzeichnet diese Publikation in der Deutschen Nationalbibliografie; detaillierte bibliografische Daten sind im Internet über http://dnb.d-nb.de/ abrufbar.

1. Auflage 1996
Copyright © 1996 GRIN Verlag GmbH
http://www.grin.com
Druck und Bindung: Books on Demand GmbH, Norderstedt Germany
ISBN 978-3-638-95752-6

Ernst Probst

Die Aunjetitzer Kultur

Meiner Ehefrau Doris gewidmet

Ernst Probst

Die
Aunjetitzer
Kultur

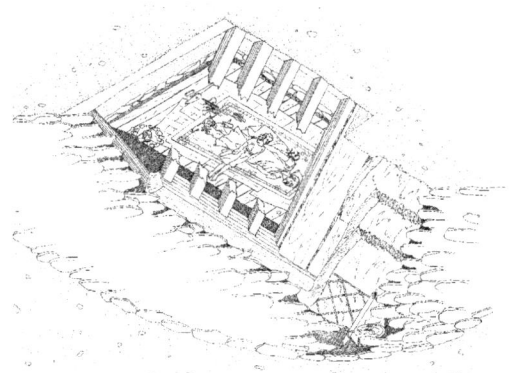

Bestattung eines älteren Mannes und –
quer über ihm liegend – eines Kindes
aus der Zeit der Aunjetitzer Kultur
(etwa 2300–1600/1500 v. Chr.)
im „Fürstengrab" des Ortsteils Leubingen von Sömmerda
in Thüringen. Die Toten ruhen unter einer Totenhütte,
die von einem riesigen Grabhügel bedeckt ist.
Zeichnung: Friederike Hilscher-Ehlert, Königswinter
Aus: PROBST, Ernst: Deutschland in der Bronzezeit,
München 1996

Vorwort

Die Bronzezeit vor mehr als 2000 bis 800 v. Chr. gilt als die erste und längere der Metallzeiten in Europa. In dieser Zeit wurden Werkzeuge, Waffen und Schmuck aus Bronze hergestellt. In einigen Gebieten hatte die Bronzezeit eine andere Zeitdauer. So begann sie in Süddeutschland schon vor etwa 2300 v. Chr. und endete um 800 v. Chr. In Norddeutschland dagegen währte sie von etwa 1600 bis 500 v. Chr. Zu den in Deutschland verbreiteten Kulturen der Bronzezeit gehört die Aunjetitzer Kultur vor etwa 2300 bis 1600/ 1500 v. Chr., die nach dem Gräberfeld von Unetice (Aunjetitz) in Böhmen (Tschechien) benannt ist. Sie war in der Frühstufe in Böhmen, Mähren, der Südwestslowakei, Schlesien, Niederösterreich, Thüringen, Sachsen-Anhalt und in der Spätstufe im östlichen Niedersachsen sowie in Brandenburg und im Südwesten Großpolens verbreitet.

Der Text über die Aunjetitzer Kultur stammt aus dem vergriffenen Buch „Deutschland in der Bronzezeit" (1996) des Wiesbadener Wissenschaftsautors Ernst Probst in alter deutscher Rechtschreibung und entspricht dem damaligen Wissensstand. Weitere Kulturen der Bronzezeit aus Deutschland werden ebenfalls in Einzelpublikationen vorgestellt.

KAREL BUCHTELA,
geboren am 6. März 1864
in Novy Pavlov, gestorben
am 19. März 1946 in
Prag. Er war Finanz-
oberrat und hatte von
1924 bis 1938 das Amt
des Direktors des Staatli-
chen Archäologischen
Instituts in Prag inne. Bei
seinen Forschungen
arbeitete Buchtela mit
dem tschechischen Ar-
chäologen Lubor Niederle
zusammen. Buchtela und
Niederle haben 1910 den
Begriff Aunjetitzer Kultur
verwendet und
populär gemacht.

LUBOR NIEDERLE,
geboren am 20. Septem-
ber 1865 in Klatovy,
gestorben am 14. Juni
1944 in Prag. Er habili-
tierte sich 1891 und war
von 1898 bis 1929 Profes-
sor der vorgeschichtlichen
Archäologie und Ethnolo-
gie an der Universität
Prag. Später wurde er
Rektor der Universität
Prag sowie Begründer
und erster Direktor des
Archäologischen Instituts
in Prag. Niederle verwen-
dete 1910 zusammen mit
Karel Buchtela den Be-
griff Aunjetitzer Kultur.

Bronzegießer, „Fürsten"
und Kannibalen

Die Aunjetitzer Kultur
von etwa 2300 bis 1600/1500 v. Chr.

Als Dr. med. Cenek Ryzner (1845–1923) in den 1870er
Jahren im böhmischen Unetice (Aunjetitz) ein
urgeschichtliches Gräberfeld untersuchte, ahnte er nicht,
welche Bedeutung dieses einmal erlangen würde. Denn nach
jenem Fundort mit 31 Gräbern hat man später eine der
bedeutendsten Kulturen der Frühbronzezeit benannt. Ryzner,
der Distriktsarzt von Roztoky bei Prag und Heimatforscher
war, publizierte 1880 seine Ausgrabungsergebnisse und ver-
zichtete dabei auf einen Kulturbegriff.

Ungeachtet dessen sprachen einige Archäologen am Ende
des 19. Jahrhunderts spontan von Funden oder Gräbern des
Typs Unetice. Der Name „Uneticer Kultur" tauchte erstmals
in dem 1910 erschienenen „Handbuch der Tschechischen
Archäologie" auf. Das Werk wurde von den Prager Archäologen Karel Buchtela (1864–1946) und Lubor Niederle (1865–
1944) verfaßt. Der Ausdruck „Uneticer Kultur" ist heute
noch in Tschechien und in der Slowakei gebräuchlich. In
Deutschland und Österreich dagegen verwendet man den
deutschsprachigen Begriff „Aunjetitzer Kultur" oder „Aun-
jetitz-Kultur".

Es gab auch Versuche, noch andere Namen in die Fach-
literatur einzuführen. Doch der nach dem mährischen Fundort Menín (Mönitz) geprägte Name „Mönitzer Kultur" konn-

te sich ebensowenig durchsetzen wie der auf einem mitteldeutschen Fundort fußende Ausdruck „Leubinger Kultur".

Die Aunjetitzer Kultur ist gegen Ende der Jungsteinzeit aus
der Glockenbecher-Kultur und den Schnurkeramischen
Kulturen hervorgegangen. Weil die Aunjetitzer Leute die
Gewinnung und die Verarbeitung von Kupfer und Bronze
beherrschten, markiert ihre Kultur den Beginn der Frühbronzezeit.

Nach heutiger Kenntnis existierte die Aunjetitzer Kultur von
etwa 2300 bis 1600/1500 v. Chr.. Sie war in deren Frühstufe
in Böhmen, Mähren, der Südwestslowakei, Schlesien, Niederösterreich, Thüringen, Sachsen, Sachsen-Anhalt und in
der Spätstufe im östlichen Niedersachsen sowie in Brandenburg und im Südwesten Großpolens verbreitet.

Die ältesten Funde aus der Frühstufe in Mitteldeutschland
(Thüringen, Sachsen, Sachsen-Anhalt) sind etwas jünger als
die ältesten Hinterlassenschaften in Mähren, wo das Kern-
gebiet der Aunjetitzer Kultur lag. Nach Ansicht der Archäologen sind die Aunjetitzer in Mitteldeutschland aber nicht
aus Mähren oder Böhmen eingewandert. Bei ihnen handelt
es sich vielmehr um heimische Stämme, welche die Errungenschaften der Aunjetitzer im Gebiet des heutigen Tschechien übernahmen.

Im östlichen Niedersachsen sind die typischen Erzeugnisse
dieser Kultur erst in deren Spätstufe nachweisbar. In ihrer
Nachbarschaft behaupteten sich noch Stämme, die auf dem
Niveau der späten Jungsteinzeit standen. In Teilen von
Brandenburg (Altmark, Ober- und Niederlausitz, Oder-Nei-
ße-Gebiet, Uckermark) und von Mecklenburg wurden die
Errungenschaften der Aunjetitzer – wie deren Metallurgie,
Töpferei, Bestattungssitten und Religion – erst gegen Ende
der Spätstufe übernommen.

Dank der Untersuchungen von zahlreichen Skelettresten aus Gräberfeldern weiß man viel über das Aussehen der Aunjetitzer. In Mitteldeutschland waren sie im Vergleich zu den vorherigen jungsteinzeitlichen Bauern relativ hochwüchsig. Dort erreichten die Männer eine Körperhöhe von durchschnittlich 1,71 Meter und die Frauen von 1,60 Meter. Der bisher größte Mann maß 1,78 Meter, die größte Frau 1,66 Meter. Die Längsknochen ihrer Arme und Beine waren robust und die Muskelmarken kräftig ausgebildet. Im Saalegebiet ähnelten die Skelette am meisten denjenigen der jungsteinzeitlichen Schnurkeramiker.

Der Berliner Anthropologe Herbert Ullrich beschrieb 1963 den Durchschnittstyp der Aunjetitzer Schädel als ungewöhnlich lang, sehr schmal und extrem hoch. Das Kinn war höher als bei heutigen Menschen. Auch der Durchbruchsmodus der Zähne des Wechselgebisses verlief anders als jetzt: Der zweite Backenzahn brach früher durch. Wenn die Beobachtung an einem Schädel aus Leubingen (Kreis Sömmerda) in Thüringen zutrifft, trug mancher Aunjetitzer dunkelblondes Haar.

Diese Menschen erreichten meist kein hohes Alter. In Mitteldeutschland lag das durchschnittliche Sterbealter der Männer bei 37 Jahren und das der Frauen bei 35,8 Jahren. Als Ursachen für den frühen Tod galten ein entbehrungsreiches Leben, schwere Arbeit, falsche Ernährung, schlechte medizinische Versorgung bei Krankheiten und Unfällen sowie Komplikationen bei der Geburt, wobei häufig Mutter und Neugeborenes starben.

Um die Gesundheit der Aunjetitzer war es häufig schlecht bestellt. Von den 108 im Gräberfeld von Großbrembach (Kreis Sömmerda) in Thüringen untersuchten Skeletten wies jedes zweite Spuren von körperlichen Fehlern, Krankheiten oder Unfallfolgen auf. Nur 17,4 Prozent der Männer haben dort das 40. Lebensjahr überschritten und bei den Frauen sogar nur 4,3 Prozent.

Jeder vierte Erwachsene in Mitteldeutschland litt damals an Karies (Zahnfäule). Anzeichen von Parodontose sind bei mehr als 80 Prozent der Männer und Frauen erkennbar. Manchmal waren sogar schon Kinder und Jugendliche davon betroffen. Durch häufiges Kauen von harter Nahrung wurden zudem die Zähne stärker als heute abgenutzt. Interessante Aufschlüsse über den Zustand der Zähne lieferte die Untersuchung von Gebissen aus Großbrembach. Dabei wurden starker Abschliff der Zähne, Karies mit Zahnverlust als Folge, entzündliche Prozesse, häufig Zahnstein und nicht angelegte Zähne erkannt. Zehnmal waren die dritten Backenzähne nicht durchgebrochen.

Auch die im Gräberfeld von Leubingen bestatteten Menschen hatten oft fehlerhafte Gebisse und kranke Zähne. Von 55 untersuchten Schädeln wiesen 18 – also jeder dritte – Karies auf. Einmal war die Karies mit einer Zahnfistel über dem Eckzahn des linken Oberkiefers verbunden. Bei drei Erwachsenen fehlten die Weisheitszähne. Aber einmal stand hinter den beiden normalen Schneidezähnen des rechten Oberkiefers ein zusätzlicher Schneidezahn. Bei zwei Schädeln waren die Eckzähne des Unterkiefers vorgeschoben und schiefgestellt und die Zahnreihe hatte eine trapezoide Form.

Manchmal wiesen auch die Schädel selbst Spuren von Krankheiten auf. So hatte ein Schädel aus Großbrembach eine schwere Deformation am rechten Rand des Hinterhauptsloches, die anormale Kopfhaltung und -bewegung bewirkte. Am Schädel einer Frau von Großbrembach fand man Veränderungen, die von einem Tumor, Knochenmetastasen oder

Sarkom stammen könnten, was wohl zum Tode führte. Aus Leubingen ist eine Schädelverletzung bekannt. Und ein etwa 20jähriger Mann aus Schönewerda (Kreis Artern) in Thüringen litt unter einer linksseitigen Kiefer-Gaumenspalte.

An zahlreichen Skeletten von Aunjetitzern aus Mitteldeutschland wurden Spuren von Arthrose beobachtet. Ein Mensch aus Leubingen besaß statt vier Kreuzbeinwirbeln fünf. Auch Rachitis ist durch ein Skelett aus Leubingen belegt. Wegen dieser Krankheit waren ein Oberarmknochen und ein Oberschenkelknochen verkürzt, was ihm das Gehen erschwerte. Der in Leubingen bestattete „Fürst" litt an Altersgicht.

Ein Aunjetitzer aus Großbrembach hatte sein ganzes Leben lang beim Gehen erhebliche Probleme. Sein linker Oberschenkelknochen war 2,5 Zentimeter kürzer als der rechte. Er hinkte deswegen und hatte stärkere Beschwerden in den Kniegelenken sowie im zeitweilig überlasteten rechten Hüftgelenk. Außerdem dürfte er infolge der pathologischen Gelenkmechanik Kreuz- und Rückenbeschwerden gehabt haben. Derselbe Mensch hatte auch x-förmig abgespreizte Unterschenkel (X-Beine) und leicht im Kniegelenk angewinkelte Beine. Bei jedem Schritt wurden seine Knie aneinander gerieben und er hatte Schmerzen beim Gehen.

Manche Skelettreste trugen Spuren von Gewalt. Das war bei drei Schädeln aus dem Massengrab von Elben (Kreis Hettstedt) in Sachsen-Anhalt der Fall. Sie weisen rundliche Löcher mit scharfem Bruch auf, weswegen der Tod bald nach der Verletzung eingetreten sein muß.

Merkwürdigerweise waren die Medizinmänner der Aunjetitzer Kultur in Mitteldeutschland bei Schädeloperationen (Trepanationen) weniger erfolgreich als ihre Vorgänger. Die Heilungsquote bei derartigen Eingriffen in der Frühbronzezeit betrug 72,7 Prozent, bei der Walternienburg-Bernburger Kultur in der Jungsteinzeit dagegen etwa 90 Prozent. Die Ursache hierfür ist unbekannt.

Allein aus Großbrembach sind drei Schädeloperationen nachgewiesen. Zwei davon scheinen wegen der auffallenden Ähnlichkeit von Größe und Form der Öffnung im Schädel sowie wegen der gleichen Schabetechnik vom selben Medizinmann ausgeführt worden zu sein. Im ersten Fall ist die Operationswunde vollständig verheilt und der Patient hat den Eingriff viele Jahre überlebt. Im zweiten Fall hat man die Trepanation etwa ein Jahr vor dem Tod vorgenommen, der durch einen Schlag herbeigeführt wurde. Schädeloperationen waren auch bei den Aunjetitzern in Tschechien und in der Slowakei üblich.

Nach einem Fund aus Werlaburgdorf (Kreis Wolfenbüttel) in Niedersachsen zu schließen, trugen die Aunjetitzer eine Kleidung aus gewebten Stoffen. Dort stieß man auf eine fast kreisrunde Grube von 1,3 Meter Durchmesser und 0,60 Meter Tiefe. Vermutlich handelt es sich um die Kellergrube eines abgebrannten Webstuhlgebäudes, wovon 13 walzenförmige Webgewichte zeugen.

Seltene Funde von Bronzedrahtstücken in Gestalt heutiger Sicherheitsnadeln gelten als die frühesten Gewandspangen im Verbreitungsgebiet der Aunjetitzer Kultur. Diese Neuerung garantierte ein viel sicheres Zusammenhaften von Gewandteilen als mit gewöhnlichen Nadeln, die aber immer noch überwogen.

Aus der Frühstufe der Aunjetitzer Kultur sind bisher in Mitteldeutschland keine Siedlungen bekannt. Vielleicht waren sie so gebaut, daß sie keine Spuren im Boden hinterließen. Dagegen konnte man für die Spätstufe bewohnte Höhlen, Hütten sowie unbefestigte und befestigte Höhensiedlungen nachweisen. Die höhere Zahl der Gräber deutet auf eine Bevölkerungszunahme hin.

Als Aufenthaltsort für Aunjetitzer diente die Diebeshöhle bei Uftrungen (Kreis Sangerhausen) in Thüringen. In dieser Höhle haben Schatzsucher, Heimatforscher sowie Archäologen gegraben und dabei Hinterlassenschaften der Aunjetitzer Kultur entdeckt. Einer der Aunjetitzer Bewohner hat in der Höhle durch einen Felssturz sein Leben verloren.

Die Aunjetitzer lebten in Gruppen über das Land verstreut. Ihre Hütten waren aus Pfosten konstruiert und häufig in den Boden eingetieft. Neben den Behausungen lag oft eine Abfallgrube. Zwei Hüttengrundrisse wurden im Braunkohlerevier von Esbeck bei Schöningen (Kreis Helmstedt) in Niedersachsen freigelegt. Einer davon hatte die Maße 27x6 Meter.

Eine größere Siedlung der Aunjetitzer erstreckte sich auf dem Mühlberg bei Großbrembach in Thüringen. Ihre Einwohnerzahl wird auf etwa 80 bis 130 Menschen geschätzt. Diese Höhensiedlung war nicht befestigt. Dagegen hat man die Höhensiedlung auf dem Schloßberg in Mutzschen (Kreis Grimma) in Sachsen befestigt, was auf ein gewisses Schutzbedürfnis und unruhige Zeiten hindeuten könnte.

Wie zuvor die Bauern der Jungsteinzeit säten und ernteten auch die Aunjetitzer die Getreidearten Emmer, Einkorn und Gerste. Daneben bauten sie vereinzelt bereits Roggen an. Verkohlte Reste von Emmer und eine fragmentarisch erhaltene steinerne Getreidemühle wurden in einer Vorratsgrube von Döbeln-Mosten in Sachsen entdeckt. Darauf standen fünf Tongefäße der Aunjetitzer Kultur. Getreidereste von Emmer und Einkorn lagen auch in einer Siedlungsgrube von Werlaburgdorf in Niedersachsen. Besonders häufig sind Abdrücke von Getreidekörnern auf Tongefäßen zu finden.

Manchmal legte man Getreidemühlen sogar mit ins Grab, wie ein Fund von Dresden-Gostritz zeigt. Dort wurde ein Mahlsteinbruchstück von 39x26 Zentimeter Größe mit maximal 14 Zentimeter Dicke geborgen. Die dazugehörige Reibekugel hatte einen Durchmesser von 9 Zentimeter. Mit der Reibekugel sind die auf den Mahlstein geschütteten Getreidekörner zerquetscht worden.

Tierknochenreste aus einer Siedlungsgrube bei Sundhausen (Kreis Nordhausen) in Thüringen zeigen, daß die Aunjetitzer unter anderem Rinder, Schweine, Schafe und Ziegen als Haustiere hielten. Andere Tierreste aus derselben Grube belegen die gelegentliche Jagd auf Hirsche und Rehe.

Die Aunjetitzer hatten auch Pferde als Reittiere und Prestigeobjekte. Gelegentlich wurde das Fleisch von Pferden zu Ehren bedeutender Verstorbener verspeist. Je ein Pferdeskelett kam in Gleina (Kreis Nebra) und in Köllme (Saalkreis), beide in Sachsen-Anhalt gelegen, in Nähe von menschlichen Gräbern zum Vorschein.

Die Töpfer der Aunjetitzer Kultur modellierten Henkeltassen, Tassen, Schalen, Näpfe und Krüge. In der Frühstufe ähnelten manche Formen und Verzierungselemente wie Ritzlinien und Fransenmuster bis ins Detail der Keramik in Böhmen. Zuweilen ahmten die Aunjetitzer formschöne Schöpfungen fremder Kulturen nach, wie ein Fund aus Nienhagen bei Oschersleben (Kreis Celle) in Niedersachsen beweist. Dort entdeckte man die Nachbildung eines Vaphiobechers, der einem Fund der Mykenischen Kultur von Vaphio in Griechenland nachempfunden wurde.

Nach Ansicht des Mainzer Archäologen Hans-Jürgen Hundt (1909–1990) erlangte der Metallguß in Mitteleuropa erst zur Zeit der Aunjetitzer Kultur ein nie zuvor gekanntes Ausmaß. Dieser Aufschwung der Gußtechnik wäre ohne das Legieren des Kupfers mit Zinn unmöglich gewesen. Zwar beherrschte man in der ausgehenden Jungsteinzeit bereits das Gießen größerer Objekte aus Kupfer, doch die Herstellung kleinerer Gegenstände in Kupferguß war damals nicht durchführbar. Erst die Beifügung des Zinns zum Kupfer machte das Metall für solche Zwecke ausreichend geschmeidig.

Das neue Metall Bronze wurde in der Frühstufe der Aunjetitzer Kultur noch selten verwendet. Anfangs dienten bei der Herstellung von Geräten weiterhin meist Steine und Knochen als Rohstoff. Die Blütezeit des Bronzegusses fiel in die Spätstufe. Erst von da ab wurden Nadeln, Schmuckscheiben, Hals-, Arm- und Beinringe sowie besonders viele Werkzeuge, Waffen und Gußbarren aus Bronze gegossen.

Nach metallkundlichen Analysen zu schließen, beschafften sich die mitteldeutschen Aunjetitzer das Kupfererz vermutlich im Erzgebirge, Orlagau und Thüringer Wald, das Zinn wahrscheinlich im Erz- und Fichtelgebirge sowie in Böhmen. Dies kann bei eigenen Expeditionen oder auf dem Tauschweg geschehen sein.

Hortfunde mit manchmal Hunderten von Ösenhalsringen oder Randleistenbeilen belegen die Massenproduktion von Bronzeerzeugnissen. Wegen des einheitlichen Aussehens von Bronzebarren und -beilen wird darüber spekuliert, ob diese Gegenstände vielleicht beim Ferntausch als eine Art von Währung galten.

Die meisten bronzenen Randleistenbeile, Meißel und Sicheln goß man mit Formen, die zerstört wurden, wenn man das gewünschte Endprodukt davon befreite. Dieses Verfahren heißt „Guß in verlorener Form". Andererseits beweisen Gußnahtreste an Bronzeerzeugnissen auch die Verwendung von mehrteiligen Schalengußformen, die öfter eingesetzt werden konnten. Vom Blasebalg für den Ofen eines Bronzegießers stammt eine Tondüse, die einem Metallhandwerker von Erfurt-Gispersleben ins Grab gelegt wurde.

Besonders auffällig ist der Metallreichtum der Aunjetitzer in der Gegend von Halle/Saale. Dort wurde auf engstem Raum eine Massierung von Metallschätzen entdeckt, die der schwedische Archäologe Oscar Montelius (1843–1921) bereits 1900 mit der dortigen Salzproduktion in Verbindung brachte. Möglicherweise bezahlten die Aunjetitzer an der mittleren Saale teilweise Bronzeerzeugnisse mit Salz.

Zu den am frühesten entdeckten großen Horten im Saalegebiet gehört der Fund von 1821 am westlichen Ufer der Schkopau. Er umfaßte mehr als 120 bronzene Randleistenbeile und hatte ein Gesamtgewicht von über 1 Zentner. Weitere Bronzehorte kamen 1879 bei Bennewitz (Saalkreis) 1904 und 1937 bei Dieskau unweit Halle/Saale sowie 1923 und 1934 bei Halle-Kamena zum Vorschein. Von diesen Horten war der bei Bennewitz mit 297 Randleistenbeilen im Gesamtgewicht von etwa 2 Zentner der schwerste. Im Gegensatz dazu überwog beim 1904 entdeckten Bronzehort I von Dieskau der Schmuck, beim 1934 geborgenen Bronzehort II von Dieskau mit 292 Randleistenbeilen jedoch wieder das Werkzeug.

Ein erstaunlicher Metallreichtum wurde auch in Gräbern an der mittleren Saale und am Unterlauf der Unstrut beobachtet. Das hat 1951 den damals in Mainz tätigen Archäologen Ulrich Fischer bewogen, von einer Metallgruppe der Aunjetitzer Kultur zu sprechen.

Außer Metallen schätzten die Aunjetitzer auch Steine, Knochen und Geweih als Rohstoffe. Das zeigen die Funde bei Sundhausen in Thüringen sehr eindrucksvoll. Dort wurden zahlreiche Werkzeuge aus Felsgestein, Sandstein, Porphyr, Granit, Feuerstein, Knochen und Geweih geborgen. Dabei

16

handelt es sich um Rillenbeile, Steinkeil, Amboß, Sandstein-
platte, Klopfsteine, Reibsteine, Pfeilschaftglätter, Knochen-
nadel mit durchlochter Kopfplatte, Pfriem, Flachshecheln
aus Schulternblättern vom Rind, Geweihstab und -hacke.
Neben Hämmern aus Kupfer wie dem Fund von Naumburg
in Sachsen-Anhalt gab es solche aus Stein.

Importierte nordische Feuersteindolche waren bei den
Aunjetitzern offenbar nicht sehr beliebt. Mit ihnen hat man
unter anderem Fleisch zerteilt. Ein solcher Feuersteindolch
wurde in einem Grab von Seebach (Kreis Mühlhausen) in
Thüringen gefunden.

Zur Zeit der Aunjetitzer Kultur wurde vielleicht eine Geweih-
axt benutzt, die in Dettum (Kreis Wolfenbüttel) in Niedersachsen zum Vorschein kam. In ihrer sauber rechteckig
herausgearbeiteten Durchlochung steckte noch der Rest des
Holzschaftes, der auf ein Alter zwischen 1740 bis 1310 v.
Chr. datiert wurde.

Als Waffen dienten den Aunjetitzern steinere Streitäxte,
Pfeil und Bogen sowie bronzene Dolche, Stabdolche und
Keulen. Die Vielfalt der Waffen könnte auf kriegerische
Zeiten hindeuten.

Eine steinerne Streitaxt aus Serpentin gehörte zur letzten
Ausrüstung des „Fürsten" von Leubingen in Thüringen. Ihre
Klinge ist 17 Zentimeter lang und zur Aufnahme des Holz-
schaftes durchbohrt.

Der Gebrauch von Pfeil und Bogen wird durch Pfeilspitzen
aus Feuerstein sowie Pfeilschaftglätter belegt. Acht Pfeilspitzen aus Feuerstein sind in Garlstedt (Kreis Osterholz) in
Niedersachsen entdeckt worden. Einen Pfeilschaftglätter aus
Sandstein kennt man – wie erwähnt – von Sundhausen in
Thüringen. Darauf wurden Unebenheiten von Holzpfeilen
abgeschliffen.

Bronzene Dolche und Stabdolche waren in der Frühstufe der Aunjetitzer Kultur die ältesten Waffen aus Metall. Sie gelten als besonders eindrucksvolle Zeugnisse für die Leistungsfähigkeit der Bronzegießer und waren sicher Prestigeobjekte für die Krieger und „Fürsten".

Die metallenen Dolche der Aunjetitzer hatten eine einfache Klinge oder eine Klinge mit Vollgriff aus Bronze, eine Klinge mit Griffzunge oder eine Klinge mit Griffangel. Die Klingen mit Griffzunge oder -angel besaßen einen Griff aus Holz.

Die Stabdolche galten eher als eine Prunkwaffe als eine Waffe für jedermann, weil sie häufig in Gräbern bedeutender Persönlichkeiten gefunden wurden. Sie hatten einen Stab (Stiel) aus Holz oder Bronze, an dessen Ende die bronzene Klinge befestigt war. Manchmal ist der Holzschaft mit Bronzeringen verziert.

Wie ein Stabdolch getragen wurde, verrät die Lage einer solchen Waffe in einem der Steinkistengräber von Burk (Kreis Bautzen) in Sachsen: Die bronzene Klinge mit anhaftenden Resten des Holzstabes lag am Nacken des toten Kriegers, der den Stabdolch geschultert trug.

Zu dem erwähnten Hortfund von 1904 aus Dieskau gehörten 13 Stabdolche, zu dem Hortfund von 1937 aus Dieskau nur 1 Stabdolch. Interessanterweise ist letzterer ebenso wie die meisten Stabdolche des ersten Hortfundes von Dieskau aus der gleichen Legierung von Kupfer und Arsen fast ohne Zinn gegosssen. Zu dem Hortfund von Groß-Schwechten (Kreis Stendal) in Sachsen-Anhalt gehörten zehn Stabdolche, von denen jeder etwa 500 Gramm wog.

Die Stabdolche waren in der Frühbronzezeit von der Iberischen Halbinsel bis zum Balkan sowie von Skandinavien bis Italien verbreitet. Der irische Archäologe Sean P. Ríordáin

(1905–1957) aus Dublin bezeichnete 1937 die Stabdolche als Waffen, die auch bei kultischen Zeremonien verwendet werden konnten. Auf Felsbildern in Skandinavien und Italien sind häufig Stabdolche mit überlangen Stielen zu sehen, die bei Zeremonien präsentiert wurden. Vielleicht wurde diese Prunkwaffe der Bevölkerung gezeigt oder sie spielte bei Opferungen eine Rolle.

Ganz selten waren offenbar bronzene Keulen. Eine solche Hiebwaffe kam in Thale (Kreis Quedlinburg) in Sachsen-Anhalt zum Vorschein. Sie ist 64 Zentimeter lang und hat einen röhrenförmigen Schaft.

Untereinander und mit Angehörigen fremder Kulturen tauschten die Aunjetitzer mit Bronzebarren und -beilen, Salz und Schmuck. Nach den Funden zu schließen, gab es einen weitreichenden Fernhandel.

Besonders begehrte Tauschobjekte waren die Bronzebarren und -beile, für die Überschüsse aus der Landwirtschaft (Saatgut, Haustiere), formschöne Keramik oder seltene Schmuckstücke geboten wurden. Die Barren und Beile hat man weiterverarbeitet oder eingeschmolzen, um Rohmaterial für andere Bronzeerzeugnisse zu gewinnen.

Salz wurde ab der Frühbronzezeit an der mittleren Saale gewonnen. Das bezeugen die Funde von tönernen Ovalsäulen und Wannen aus der Gegend von Halle/Saale, die bei der Salzherstellung verwendet wurden. Derartige feuerfeste Tongebilde nennt man Briquetage. Die tönernen Säulen dienten als Träger von Wannen, unter denen man Feuer schürte, um Salzsole zu sieden. Das auf diese Weise gewonnene Salz wurde nicht nur selbst verbraucht, sondern auch als Tauschware angeboten.

Von regen Tauschgeschäften künden die zahlreichen Bernsteinfunde im Verbreitungsgebiet der Aunjetitzer Kultur.

Denn dieses fossile Harz stammt aus dem Ostseeraum und mußte importiert werden. In der Spätstufe der Aunjetitzer Kultur gelangte solcher Bernstein bis in das Gebiet der Mykenischen Kultur in Griechenland. Als Gegengaben könnten blaue oder grüne Fayenceperlen von dort bis nach Böhmen und Mähren gekommen sein.

Die Aunjetitzer verfügten – wie ihre Vorgänger aus der Jungsteinzeit – über Pferde als Reittiere. Einer der Beweise hierfür wurde in Gleina (Sachsen-Anhalt) entdeckt. Am Schädel eines dort gefundenen Pferdeskelettes befanden sich zwei Eberhauer, die als Trensenknebel gedeutet werden.

Auf dem Landweg beförderte man schwere Lasten mit Karren, die von Menschen oder Rindern gezogen wurden. Bei Krauthern (Kreis Weimar) in Thüringen hat man unter einem zerstörten Aunjetitzer Steinpackungsgrab die 3,50 Meter lange Spur eines zweirädrigen Karrens entdeckt. Parallel davon verlief eine weitere Radspur. Diese Radfurchen wurden von einem 1,10 Meter breiten Karren mit Holzscheibenrädern hinterlassen, deren Felgen etwa 11 Zentimeter breit waren. Der Karren ist in völlig aufgeweichter Erde gefahren.

Die Aunjetitzer trugen Schmuck aus Bronze, Bernstein, Silber und Gold. Vor allem die Frauen waren manchmal reichlich mit Schmuck ausgestattet. Es gab geschlossene und offene Halsringe, Halsketten, Spiralröllchen, geschlossene und offene Armringe, Armspiralen, Nadeln, Schmuckscheiben und Beinringe.

Womit sich die Frauen in Mitteldeutschland verschönerten, zeigt ein Fund aus Kyhna (Kreis Delitzsch) in Sachsen-Anhalt, der als Jenseitsausstattung für eine Aunjetitzerin gedeutet wird. Dazu gehörten unter anderem eine geometrisch verzierte Schmuckscheibe, zwei kleine Scheiben mit je drei Buckelkreisen, eine zyprische Schleifennadel, eine

20

Schleifennadel mit ovalem Scheibenkopf, drei Halsringe, ein Armring, zwei Armspiralen, acht Schleifenringe, 31 Spiralröllchen mit einer Gesamtlänge von 1,55 Meter und acht Bernsteinperlen.

Die aus dem Norden eingeführten Bernsteinperlen hatten es manchen Frauen besonders angetan. So trug eine in einem Steinkistengrab von Burk (Kreis Bautzen) in Sachsen bestattete Frau eine Halskette mit 312 Bernsteinperlen im Gesamtgewicht von 117 Gramm. Die meist kugeligen Bernsteinperlen besaßen überwiegend einen Durchmesser von 0,6 bis 1,4 Zentimeter, nur das Schlußstück mit einer Länge von 2,2 Zentimeter und einer Dicke von 1,2 Zentimeter war noch größer. Insgesamt 120 Bernsteinperlen gehörten zu dem erwähnten Bronzehort von 1904 aus Dieskau.

Viele vornehme Aunjetitzer standen stark im Bann des Goldes. Vor allem in den „Fürstengräbern" von Leubingen (Thüringen) sowie Dieskau und Helmsdorf (beide in Sachsen-Anhalt) lag reicher Goldschmuck. In Leubingen fand man Nadeln, einen Armring, Lockenspiralen und ein Spiralröllchen aus Gold. Sie gehörten nicht dem „Fürsten", sondern dem zehnjährigen Kind, das zusammen mit ihm bestattet wurde. In Dieskau kamen ein goldenes Randleistenbeil, zwei goldene längsgerippte Armbänder und ein schwerer Armring mit aufgerollten Enden aus goldhaltigem Silber zum Vorschein. In Helmsdorf (Kreis Hettstedt) barg man zwei Nadeln, einen Armring, zwei Lockenspiralen und ein Spiralröllchen aus Gold.

In Böhmen war der Goldreichtum der Aunjetitzer ebenfalls beträchtlich. Im Gräberfeld von Turska enthielt fast jedes zweite Grab goldene Gegenstände, Locken- und Armringe sowie Nadeln aus diesem Edelmetall.

Die größten Kunstwerke der Aunjetitzer in Mitteldeutschland kamen bisher in Gräbern zum Vorschein. Es sind Steinplatten mit eingravierten Motiven, deren Sinn teilweise nicht zu deuten ist.

Von den Maßen her das imposanteste Kunstwerk ist die verzierte Deckplatte eines Steinkistengrabes von Dingelstedt (Kreis Halberstadt) in Sachsen-Anhalt. Sie ist 1,55 Meter hoch, 1 Meter breit und 20 Zentimeter dick. Auf der Platte sind links oben ein Kreis und darunter eine gestielte Axt sowie etwa in der Mitte senkrechte Striche und ein ovales Gebilde zu sehen.

Die beiden anderen großformatigen Kunstwerke in Mitteldeutschland barg man in Steinpackungsgräbern. Bei solchen Gräbern wurde eine dicke Lage von Steinen (Steinpackung) über dem Toten angehäuft.

Auf der 1,36 Meter langen, 53 Zentimeter breiten und 10 Zentimeter dicken Steinplatte von Hornburg (Kreis Querfurt) in Sachsen-Anhalt könnten Dolche mit Griff oder Pfeilspitzen mit Schaftzunge abgebildet sein. Der 70 Zentimeter lange, 25 Zentimeter breite und 10 Zentimeter dicke Bildstein von Pfützthal (Saalkreis) in Sachsen-Anhalt ist mit einem auf dem Kopf stehenden, langgezogenen T, das wohl eine menschliche Nase darstellen soll, verziert. Darunter befindet sich ein waagrechter Strich, der vermutlich den Mund symbolisiert. Es folgen vier halbkreisförmige Linien und auf der Mitte der Platte in zwei Reihen ineinanderliegende Winkel.

Die Aunjetitzer bestatteten ihre Toten so, daß sie auf der rechten Körperseite ruhten, wobei der Kopf im Süden lag, die Beine nach Norden wiesen und der Blick gen Osten gerichtet war, wo die Sonne aufgeht. Das geschah ohne Rücksicht auf Alter, Geschlecht und soziale Stellung des Verstorbenen. Diese eigenartige Totenorientierung wurde 1952 in der

Marburger Dissertation des später in Wiesbaden tätigen Archäologen Heinz-Eberhard Mandera erstmals als generelle Abgrenzung der Aunjetitzer Kultur gegenüber benachbarten frühbronzezeitlichen Kulturen herausgestellt. Seine Erkenntnisse fußten vor allem auf den Beobachtungen tschechischer Forscher und den Ergebnissen des von 1947 bis 1950 in Halle/Saale wirkenden Archäologen Ulrich Fischer für den Elbe-Saale-Raum. Besonders im südlichen und östlichen Bereich der Aunjetitzer Kultur (Niederösterreich, Schlesien) hatte man vorher auf solche Unterscheidungen kaum geachtet bzw. diese gar nicht erkannt. Die Aunjetitzer Kultur ist nach dieser Anschauung ein sogenannter Grabsittenkreis.

In der Frühstufe gab es – wie die Gräber und Beigaben für die Toten zeigen – noch keine großen Besitzunterschiede. Damals wurden einfache Erdgräber, selten mit Steinschutz versehen und relativ einheitlich ausgestattet, angelegt.

Dagegen lassen die Gräber der Spätstufe eine ausgeprägte soziale Differenzierung erkennen. Während dieser Zeit sind im Gebiet der Flüsse Saale und Unstrut und der großpolnischen Gruppe (Leki Male) die sogenannten „Fürstengräber" errichtet worden. Typisch für sie waren hölzerne Totenhütten unter riesigen Erdhügeln. Darin bestattete man bedeutende Persönlichkeiten („Fürsten") und versah sie mit reichen Gerät-, Schmuck- und Waffenbeigaben.

Eine andere Gruppe von Toten wurde häufig in Flachgräbern mit Steinkammern (Steinkistengräber), die einst eine Holzkonstruktion hatten, oder in Grabhügeln der späten Jungsteinzeit nachbestattet. Diesen Verstorbenen legte man nur selten bronzene Nadeln, Dolche und Noppenringe sowie Keramik mit ins Grab. Manche Tote wurden mit einem Steingerät ausgerüstet, das vielleicht als Würdezeichen galt.

Die meisten Gräber enthielten lediglich Tongefäße oder gar keine Beigaben.

Als eines der imposantesten „Fürstengräber" gilt das von Leubingen in Thüringen. Dort ruhte der verstorbene „Fürst" im Greisenalter unter einer aus dicken, behauenen Eichenbalken und -bohlen errichteten zeltförmigen Totenhütte, die 4 Meter lang und 1,30 Meter hoch war. Quer über ihm lagen eine Frau und ein zehnjähriges Kind mit goldenen Beigaben. Der Boden der Grabkammer war mit Steinen gepflastert, mit Holz gedielt und mit Schilfmatten ausgelegt. Das Dach der Totenhütte hatte man außen mit Ton und Schilf abgedichtet. Darüber lasteten ein Steinhügel von 2 Meter Höhe und 18 Meter Durchmesser sowie eine Erdaufschüttung von 5 Meter Höhe. Insgesamt war der Grabhügel 8,50 Meter hoch, sein Durchmesser betrug 34 Meter und sein Umfang 110 Meter. Für diesen riesigen Hügel hatte man 210 Kubikmeter Steine und 3060 Kubikmeter Erde benötigt. Am Bau solcher Anlagen dürften Hunderte von Personen beteiligt gewesen sein, also die Einwohner eines ganzen Dorfes oder sogar mehrerer.

Ähnlich eindrucksvolle „Fürstengräber" wie das von Leubingen mit Totenhütte und Goldbeigaben kennt man von Nienstedt, Österhörner, Sömmerda in Thüringen sowie von Dieskau und Helmstedt in Sachsen-Anhalt. Darin waren Anführer mit Prunk und Pomp zur letzten Ruhe gebettet worden. Der „Fürst" von Helmsdorf beispielsweise war mit sechs goldenen Schmückstücken, bronzenem Randleistenbeil, Dolch, Meißel, Steinaxt und amphorenartigem Tongefäß ausgestattet.

Neben monumentalen „Fürstengräbern" gab es aber auch große Gräberfelder, in denen das einfache Volk beerdigt wurde. Eines davon wurde auf dem Mühlberg von Großbrembach entdeckt. Auf diesem Friedhof sind 108 Verstorbene in 81 Gräbern bestattet worden. Wie in Böhmen hatte in Groß-brembach jede Großfamilie auf dem Gräberfeld ihren eigenen Platz. Auch auf dem Taubenberg bei Wahlitz (Kreis Burg) in Sachsen-Anhalt befand sich ein Gräberfeld. Es umfaßte mehr als 80 Gräber, von denen vier eine Holz-verschalung hatten.

Im östlichen Niedersachsen sind bisher 18 Gräber der Aunjetitzer aufgespürt worden. Darunter spiegelt das Erdgrubengrab von Werlaburgdorf (Kreis Wolfenbüttel) den gar nicht selten praktizierten Brauch wider, mehrere Tote in einem einzigen Grab zu bestatten. In Werlaburgdorf lagen sieben Verstorbene in einem einzigen Grab zusammen.

Neben Erdgrubengräbern errichteten die Aunjetitzer auch Steinkistengräber, deren Seitenwände von Steinplatten gebildet wurden. Allein in Burk (Sachsen) hat man 14 solcher Steinkistengräber entdeckt. Sie waren innen bis zu 3,50 Meter lang, 2,50 Meter breit und reichten bis zu 1,25 Meter in den Erdboden. Bei Dresden-Gostritz kamen vier Steinkistengräber zum Vorschein.

Auch in Steinkistengräbern erfolgten mitunter Mehrfachbestattungen. So hatte man in ein nur 1,35 Meter langes und 95 Zentimeter breites Steinkistengrab bei Reidewitz unweit von Elben (Kreis Hettstedt) in Sachsen-Anhalt zehn Erwachsene gepackt. Normalerweise benutzte man Gräber dieser Größe nur für höchstens zwei Personen. Drei Schädel dieser Toten wiesen Spuren von tödlichen Verletzungen auf, die vielleicht von spitzen Steinbeilen oder Bronzebeilen stammten. Der Archäologe Paul Grimm (1907–1993) aus Halle/Saale spekulierte 1939 darüber, ob es sich hierbei um einen Beleg für kriegerische Auseinandersetzungen handeln könne.

Von der Norm wichen auch Bestattungen in Doppel- und

Dreiergräbern in Nohra (Kreis Nordhausen) in Thüringen ab, bei denen die Toten mehr oder minder übereinandergelegt und zum Teil mit den Beinen verklammert sind. Ähnliche Verklammerungen kennt man von Prag-Bubenece und Svetec (Schwaz) in Böhmen. Der Archäologe Paul Grimm dachte 1932 in diesen Fällen an die Möglichkeit, daß dadurch die Begattungsstellung nachgeahmt wurde.

Auch andere Bestattungen unterschieden sich durch ihre Lage vom üblichen. So gab es unter drei Bestattungen von Herbsleben (Kreis Bad Langensalza) in Thüringen das auf dem Bauch liegende Skelett einer schätzungsweise 40 bis 50 Jahre alten Frau, deren Arme und Beine unter dem Körper lagen. Diese Bauchlage wird von manchen Archäologen so gedeutet, daß die Frau mit den rechtlichen oder moralischen Normen ihrer Gemeinschaft in Konflikt geraten und deshalb eine Ausgestoßene war. Möglicherweise sollte die Bauchlage aber auch den „bösen Blick" bannen oder sie spiegelte die Furcht vor der Wiederkehr dieser unbeliebten Person wider.

Ab der Spätstufe hat man gelegentlich unverbrannte Kinderkörper in tönernen Vorratsgefäßen beerdigt. Derartige Pithos-Bestattungen gab es außer in der Tschechei (Böhmen) und der Slowakei auch in Mitteldeutschland, nämlich in Börnecke, Leuna und Neuhaldensleben, alle in Sachsen-Anhalt gelegen.

Mit dem Totenkult und der Religion hatten vielleicht auch einige Menhire in Mitteldeutschland zu tun. Derartige Steinmale mit und ohne Darstellungen gab es schon in der Jungsteinzeit. Die Menhire werden von den Archäologen unterschiedlich gedeutet. Man hielt sie bereits für Opfersteine, Ahnenbilder, Ersatzleiber von Verstorbenen, Seelenthrone oder Weltsäulen. Es ist jedoch ungewiß, ob die Menhire

Speckstein von Aschersleben, Hünenstein bei Nohra und Langer Stein von Seehausen bei Magdeburg (alle in Sachsen-Anhalt) von Aunjetitzern errichtet wurden, wie manche Autoren vermuten. Diese mitteldeutschen Menhire sind unverziert.

In der Religion der Aunjetitzer spielten Opfer für ihre Götter eine wichtige Rolle. Allein aus Thüringen, Sachsen und Sachsen-Anhalt sind Hunderte von Hortfunden bekannt, die überirdischen Mächten geweiht waren. Man deponierte die Gaben in Sümpfen, Mooren, Flußbetten, unbefestigten und befestigten Siedlungen, Verstecken mit Steinschutz und in Tongefäßen. Neben Sachgütern opferten die Aunjetitzer gar nicht selten auch lebende Menschen. Als Schauplatz von Menschenopfern dienten vor allem Höhlen.

Um eine Religion durchzusetzen, bei der jeder sein Leben lassen mußte, den das Los traf, bedurfte es mächtiger Priester, welche die Einhaltung der aufgestellten Regeln überwachten und Verstöße dagegen streng bestraften. Solche Priester sind nach der 1950 geäußerten Vermutung des Archäologen Martin Jahn (1888–1974) aus Halle/Saale die in den „Fürstengräbern" bestatteten Männer gewesen. Sie repräsentierten nach seiner Ansicht gleichermaßen die weltliche und religiöse Macht. Dem mutmaßlichen Priesterfürsten von Leubingen mußte vielleicht sogar ein zehnjähriges Kind geopfert werden und ins Grab folgen, damit er im Jenseits bedient werden konnte und Gesellschaft hatte. Für den Glauben an das Weiterleben nach dem Tod spricht auch das große Tongefäß mit Nahrungsmitteln oder einem Getränk als Inhalt im Leubinger Fürstengrab.

Makabere Opferszenen dürften sich in manchen der etwa 20 Höhlen des Kyffhäuser-Gebirges bei Bad Frankenhausen (Kreis Artern) in Thüringen abgespielt haben. Dort befand sich in der Bronze- und Eisenzeit ein bedeutender Kultort, an dem immer wieder Menschenopfer praktiziert wurden. Aus der Zeit der Aunjetitzer stammen Tierknochen, Menschenschädel und -knochen sowie Keramikreste, Knochennadeln, eine Bernsteinperle und ein Steinbeil auf dem Grund einer 15 Meter tiefen Schachthöhle.

Angebrannte Tier- und Menschenknochen, Keramik und geröstete Getreidekörner zeugen in der Diebeshöhle bei Uftrungen (Thüringen) von Menschenopfern und kannibalistischen Mahlzeiten. Die in der Höhle ausgegrabenen menschlichen Skelettreste stammen von vier Erwachsenen und zwei Kindern.

Menschenopfer wurden von Aunjetitzern auch in Höhlen des Ith – einem Höhenzug in Niedersachsen – dargebracht. Als Schauplätze derartiger blutiger Rituale gelten die Rothesteinhöhle, Nasensteinhöhle und vielleicht auch die Kinderhöhle, die alle im Kreis Minden liegen.

In der Rothesteinhöhle wurden zertrümmerte Tier- und Menschenknochen, Holzkohle, Keramikreste sowie Bronze- und Knochengeräte entdeckt. Weil viele menschliche Röhrenknochen zertrümmert waren und angeblich Brand- sowie Schnittspuren aufwiesen, wurde schon im vorigen Jahrhundert Kannibalismus vermutet. In der Rothesteinhöhle sind vielleicht 14 Menschen aus rituellen Motiven erschlagen und verzehrt worden.

In der Kinderhöhle zeugen zertrümmerte Tier- und Menschenknochen zwischen Asche und Holzkohle von kannibalistischen Bräuchen. In Nischen hatte man Knochen hoch aufgetürmt. Die Höhle verdankt zwei Hirnschalen von Kindern, die ineinandergesetzt waren, ihren Namen. Auch ein durchbohrter Menschenzahn wurde dort geborgen.

Unklar ist, ob die menschlichen Skelettreste aus der Na-

28

sensteinhöhle der Aunjetitzer Kultur zuzurechnen sind und ob es sich dabei um Reste von Kannibalismus handelt. Die Nasensteinhöhle wird durch einen Felsblock in eine Süd- und Nordspalte gegliedert. In der Südspalte fand man das Skelett eines Menschen, in dessen linker Augenhöhle ein langer, dünner Knochenpfriem aus dem Wadenbein eines Raubvogels steckte. In der Nordspalte lagen Menschenknochen zwischen Felsbrocken, die von der Decke der Höhle gestürzt waren. Wegen dieser Funde wurde die Nasensteinhöhle von dem Hildesheimer Botaniker Friedrich Joesting (1865–1922) als Jagdstation eines nordischen Stammes interpretiert, der Menschenjagden auf die einheimische Bevölkerung unternommen habe.

Heute besteht kein Zweifel daran, daß zumindest ein Teil der in den Ith-Höhlen entdeckten Skelettreste von Menschenopfern stammen. Das haben Untersuchungen des Göttinger Anthropologen Michael Schultz ergeben. Er stellte fest, daß einem Mann ein tödlicher Hieb auf den Kopf zugefügt wurde. Ein etwa vierjähriges Kind hat man mit dem Kopf auf den Höhlenboden geschlagen. Zudem weist eine Menschenrippe zwei Schnittspuren auf.

Auf Menschenopfer in Brunnenanlagen, die anschließend nicht mehr benutzt wurden, deuten Funde von Potsdam-Nedlitz und Ganovce in Tschechien hin. In Potsdam-Nedlitz hatte man eine junge Frau geopfert, in Ganovce absichtlich Menschenknochen zerschlagen.

Manche Archäologen erklären das Verschwinden der Aunjetitzer Kultur mit kriegerischen Ereignissen. Demnach sollen östliche Nomadenvölker, die bereits über zweirädrige, mit Pferden bespannte Streitwagen verfügten, auch der Aunjetitzer Kultur ein Ende bereitet haben. Einige Anhänger jener Theorie glauben, die Diebeshöhle in Thüringen sei eine

Zufluchtsstätte von Menschen gewesen, welche die Katastrophe am Ende der frühen Bronzezeit miterlebten. Andere Archäologen meinen, die Aunjetitzer seien aus Mitteldeutschland abgewandert oder in der folgenden Hügelgräber-Kultur aufgegangen. Eine befriedigende Erklärung steht indessen noch aus.

*Auf einem Lebensbild von 1921 wurden die Menschen
der Bronzezeit als Jäger und Viehzüchter dargestellt.
Die Zeichnung stammt aus einem Buch von
Karl Schumacher (1860–1934), dem damaligen Direktor
des Römisch-Germanischen Zentralmuseums Mainz.*

2300 v. Chr.: In weiten Teilen des südlichen Mitteleuropas beginnt die Frühbronzezeit (bis 1600 v. Chr.).
Ab 2300 v. Chr.: Troja II wird erbaut. Aus dieser Zeit stammt der „Schatz des Priamos".
Um 2200 v. Chr.: Die ursprünglich südlich des Vansees beheimateten Churriter (Hurriter) treten erstmals in Nord-Assyrien auf.
2155 v. Chr.: Während der Regierungszeit von Pharao Phiops II. bricht das Alte Reich in Ägypten zusammen.
2134–2040 v. Chr.: In der sogenannten Zwischenzeit zerfällt in Ägypten das Reich in das kulturell hochstehende Unterägypten mit dem Zentrum Herakleopolis und in das von Streitigkeiten thebanischer Fürsten betroffene Oberägypten.
2047 v. Chr.: Der neusumerische König Urnammu (Ur-Nammu) gründet die 3. Dynastie in Ur. Der erste „König von Akkad und Sumer" schuf von Ur aus ein zentral verwaltetes Reich in Babylonien.
2040 v. Chr.: Der thebanische Pharao Mentuhotep I. erobert Unterägypten und vereinigt die Reiche Ober- und Unterägypten. Damit beginnt das Mittlere Reich in Ägypten.
2000 v. Chr.: Auf der Mittelmeerinsel Kreta beginnt die Mittelminoische Kultur (bis 1400 v. Chr.). Dies ist die Zeit der fürstlichen Stadtpaläste.
2000 v. Chr.: Die Amoriter und die Kanaanäer wandern nach Mesopotamien ein, zerstören Ur und bilden die Kleinstaaten Isin, Larsa und Babylon.

Um 2000 v. Chr.: Die Churriter (Hurriter) erscheinen im Ost-Tigrisland.

1950 v. Chr.: Auf dem griechischen Festland wandern die Ionier und Aioler (auch Achaier genannt) ein. Damit beginnt die Mittelhelladische Epoche, die bis etwa 1600 v. Chr. dauert.

1894 v. Chr.: Samuabum begründet die Dynastie der der in der Bibel erwähnten Amoriter (Ostkananäer). Das Altbabylonische Reich beginnt.

1878 v. Chr.: Der ägyptische Pharao Sesostris III. erobert Nubien.

Um 1800 v. Chr.: Fürst Anitta erobert die Stadt Hattusa in Anatolien und gründet das Reich der Hethiter (Hatti).

1792 v. Chr.: Der König der Amoriter, Hammurabi (auch Chammurapi oder Hammurapi), gründet durch Kriegszüge und geschickte Bündnispolitik ein ganz Mesopotamien umfassendes Reich. Auf ihn geht der Kodex Hammurabi, die wichtigste Rechtssammlung des Alten Orients, zurück.

1650 v. Chr.: In Ägypten beginnt die sogenannte 2. Zwischenzeit. Während dieses Abschnittes herrschen die 15. bis 17. Dynastie bis 1552 v. Chr. In dieser Zeit fallen die Hyksôs im Osten des Nildeltas in Ägypten ein. Sie bringen Pferde und Kampfwagen mit und bilden eine eigene Herrenschicht. Von der Hauptstadt Auaris aus regieren die Hyksôs als 15. und 16. Dynastie (Große und Kleine Hyksôs) über Ägypten.

1640 v. Chr.: König Labarna I. gründet das Alte Hethiterreich mit der Hauptstadt Kussara. Dessen Nachfolger Hattusili I. verlegt die Residenz nach Hattusa.

1600 v. Chr.: Auf der Mittelmeerinsel Kreta beginnt die Spätminoische Kultur (bis 1400 v. Chr.).

1600 v. Chr.: Auf dem griechischen Festland beginnt die Späthelladische Epoche.

1600 v. Chr.: Im südlichen Mitteleuropa beginnt die Mittel-
bronzezeit – gebietsweise auch Hügelgräber-Bronzezeit genannt (bis 1300/1200 v. Chr.).
1600 v. Chr.: In Norddeutschland und im südlichen Skandinavien beginnt die ältere nordische Bronzezeit (bis 1200 v.
Chr.).
1595 v. Chr.: Der Hethiterkönig Mursilis I. stürzt die Dynastie der Amoriter in Babylon, womit das Altbabylonische
Reich endet. Nach dem Rückzug der Hethiter herrschen die
iranischen Kassiten in Babylon.
1551 v. Chr.: Das Neue Reich in Ägypten beginnt. Während
dieser Zeit herrschen die 18. bis 20. Dynastie bis 1070 v.
Chr. Pharao Ahmose vertreibt große Teile der Hyksôs nach
Palästina und begründet die 18. Dynastie. Dessen Nachfolger Amenophis I. und Thutmosis I. vergrößern das Reich bis
zum 3. Nilkatarakt (Stromschnelle) im Süden und bis zum
oberen Euphrat im Norden.
Um 1550 v. Chr.: Die Arier fallen in die Gangesebene und
danach in zwei Wellen auch in den Iran (Land der Arier) ein.
Um 1500 v. Chr.: Die Churriter (Hurriter) gründen das Reich
Mitanni (Chanigalbat oder Land Churri genannt). Es erstreckt
sich bis an die Grenzen des Hethiterreiches und des ägypti-
schen Reiches in Nordostsyrien. Hauptstadt ist Wassukanni.

Ernst Probst, geboren am 20. Januar 1946 in Neunburg vorm
Wald im bayerischen Regierungsbezirk Oberpfalz, ist Jour-
nalist und Buchautor. Er arbeitete von 1968 bis 1971 als Re-
dakteur bei den „Nürnberger Nachrichten", von 1971 bis
1973 in der Zentralredaktion des „Ring Nordbayerischer Ta-
geszeitungen" in Bayreuth und von 1973 bis 2001 bei der
„Allgemeinen Zeitung", Mainz. Von 2001 bis 2006 war er
zunächst als Buchverleger und später auch weltweit als Fos-
silien- und Antiquitätenhändler aktiv
In seiner Freizeit schrieb Ernst Probst vor allem populär-
wissenschaftliche Artikel für die „Frankfurter Allgemeine
Zeitung", „Süddeutsche Zeitung", „Die Welt", „Frankfurter
Rundschau", „Neue Zürcher Zeitung", „Tages-Anzeiger",
Zürich, „Salzburger Nachrichten", „Oberösterreichische
Nachrichten", Linz, „Die Zeit", „Rheinischer Merkur",
„Deutsches Allgemeines Sonntagsblatt", „bild der wissen-
schaft", „kosmos", „Deutsche Presse-Agentur" (dpa),
„Associated Press" (AP) und den „Deutschen Forschungs-
dienst" (df).
Aus der Feder von Ernst Probst stammen zahlreiche Beiträ-
ge der Buchreihe „Geschichten, die die Forschung schreibt"
sowie die Bücher „Deutschland in der Urzeit" (1986),
„Deutschland in der Steinzeit" (1991), „Rekorde der Urzeit"
(1992), „Dinosaurier in Deutschland" (1993 zusammen mit
Raymund Windolf) und „Deutschland in der Bronzezeit"
(1996). 2001 veröffentlichte Ernst Probst eine 14-bändige
Taschenbuchreihe über berühmte Frauen („Superfrauen").
Insgesamt publizierte er mehr als 25 Bücher, darunter „Kö-

niginnen der Lüfte", „Königinnen des Tanzes", „Der Schwarze Peter. Ein Räuber im Hunsrück und Odenwald", „Monstern auf der Spur. Wie die Sagen über Drachen, Riesen und Einhörner entstanden" und „Nessie. Das Monsterbuch".

Zusammen mit seiner Ehefrau Doris gab Ernst Probst die Titel „Der Ball ist ein Sauhund. Weisheiten und Torheiten über Fußball" und „Worte sind wie Waffen. Weisheiten und Torheiten über die Medien" heraus. Zusammen mit seiner Tochter Sonja war er Herausgeber des Titels „Meine Worte sind wie die Sterne. Die Rede des Häuptlings Seattle und andere indianische Weisheiten".

AGTHE, Markus: Bemerkungen zu Feuersteindolchen im nordwestlichen Verbreitungsgebiet der Aunjetitzer Kultur. Arbeits- und Forschungsberichte zur sächsischen Bodendenkmalpflege, Band 33, S. 15–113, Dresden 1989.

ANDRASCHKO, Frank M.: Studien zur funktionalen Deutung archäologischer Siedlungsbefunde in Rekonstruktion und Experiment. Hamburger Beiträge zur Archäologie, Werkstattreihe, Band 1, Duderstadt 1995.

ANDREE, Julius / GRIMM, Paul: Die Diebeshöhle bei Uftrungen am Südharz. Jahresschrift für die Vorgeschichte der sächsisch-thüringischen Länder, Band 17, S. 16–39, Halle/Saale 1929.

ANONYMUS: † MUDr. Cenek Ryzner. Pámatky Archaeologické, Band 33, S. 344, Prag 1923.

BACH, Adelheid / BACH, Herbert / SIMON, Klaus: Anthropologische Aspekte der Bevölkerungsentwicklung im westlichen Mitteldeutschland. Jahresschrift für mitteldeutsche Vorgeschichte, Band 56, S. 7–38, Halle/Saale 1972.

BACH, Herbert / BACH, Adelheid: Paläanthropologie im Mittelelbe-Saale-Werra-Gebiet. Weimarer Monographien zur Ur- und Frühgeschichte, Band 23, Weimar 1989.

BECKER, Bernd / JÄGER, Klaus-Dieter / KAUFMANN, Dieter / LITT, Thomas: Dendrochronologische Datierungen von Eichenhölzern aus den frühbronzezeitlichen Hügelgräbern bei Helmsdorf und Leubingen (Aunjetitzer Kultur) und an bronzezeitlichen Flußeichen bei Merseburg. Jahresschrift für mitteldeutsche Vorgeschichte, Band 72, S. 299–312, Halle/Saale 1989.

BEHM-BLANCKE, Günter: Das Aunjetitzer Gräberfeld von Großbrembach, Kr. Sömmerda. Ausgrabungen und Funde, Band 21, Heft 1–4, S. 65–67, Berlin 1976.

BEHM-BLANCKE, Günter: Zur Funktion bronze- und früheisenzeitlicher Kulthöhlen im Mittelgebirgsraum. Ausgrabungen und Funde, Band 21, Heft 1–4, S. 80–88, Berlin 1976.

BEHRENS, Hermann: Martin Jahn †. Jahresschrift für mitteldeutsche Vorgeschichte, Band 61, S. 7–8, Halle/Saale 1977.

BERG, Alfred: Der Lange Stein oder Götterstein von Seehausen bei Magdeburg. Germanien, Band 1, S. 212–214, Leipzig 1933.

BILLIG, Gerhard: Die Aunjetitzer Kultur in Sachsen. Veröffentlichungen des Landesmuseums für Vorgeschichte Dresden, Band 7, Leipzig 1958.

BILLIG, Gerhard: Aunjetitzer Kultur. Aus: HERRMANN, Joachim (Herausgeber): Lexikon früher Kulturen, Band 1, S. 95, Leipzig 1984.

BRUNN, Wilhelm Albert von: Zu den Bronzen von Thale und Welbsleben. Germania, Jahrgang 25, S. 73–82, Frankfurt/Main 1941.

BRUNN, Wilhelm Albert von: Vier frühe Metallfunde aus Sachsen und Anhalt. Prähistorische Zeitschrift, Band 34/35, erste Hälfte, S. 235–266, Berlin 1950.

BRUNN, Wilhelm Albert von: Die Hortfunde der frühen Bronzezeit aus Sachsen-Anhalt, Sachsen und Thüringen. Deutsche Akademie der Wissenschaften zu Berlin. Schriften der Sektion für Vor- und Frühgeschichte, Band 7, Berlin 1959.

BUCHTELA, Karel / NIEDERLE, Lubor: Unetice Kultur. Aus: Ruscovet ceské archeologie, S. 41, Prag 1910.

COBLENZ, Werner: Eine Aunjetitzer Vorratsgrube mit Getreide aus Döbeln-Masten. Ausgrabungen und Funde, Band 18, Heft 2, S. 70–80, Berlin 1973.
COBLENZ, Werner: Straubing und Aunjetitz. Bemerkungen zu einem neuen Depotfund aus Kyhna, Kreis Delitzsch. Bayerische Vorgeschichtsblätter, Jahrgang 50, S. 113–126, München 1985.
COBLENZ, Werner: Paul Grimm 1907–1993. Ausgrabungen und Funde, Band 39, Heft 4, S. 161–163, Berlin 1994.
EICHHORN, Gustav: Die Ausgrabung des Nienstedter Grabhügels durch Professor Klopfleisch aus Jena. Jahresschrift für die Vorgeschichte der sächsisch-thüringischen Länder, Band 7, S. 85–94, Halle/Saale 1908.
ENGEL, Carl: Bilder aus der Vorzeit an der mittleren Elbe. Erster Band. Stein- und Bronzezeit, Burg bei Magdeburg 1930.
FILIP, Jan: Rycner, Cenek (1845–1923). Aus: FILIP, Jan (Herausgeber): Enzyklopädisches Handbuch zur Ur- und Frühgeschichte Europas, Band 2, S. 1181, Stuttgart 1969.
FÖRTSCH, Oscar: Ein Depotfund der älteren Bronzezeit aus Dieskau bei Halle. Jahresschrift für die Vorgeschichte der sächsisch-thüringischen Länder, Band 4, S. 3–33, Halle/Saale 1905.
GÖTZE, Alfred / HÖFER, Paul / ZSCHIESCHE, Paul: Die vor- und frühgeschichtlichen Altertümer Thüringens, Würzburg 1909.
GRAICHEN, Gisela: Das Kultplatzbuch. Ein Führer zu den alten Opferplätzen, Heiligtümern und Kultstätten in Deutschland, Hamburg 1988.
GRIMM, Hans: Paläopathologische Befunde an Menschenresten aus der Bronzezeit in der DDR als Hinweise auf Lebens-

lauf und Bevölkerungsgeschichte. Ausgrabungen und Funde, Jahrgang 23, Heft 1, S. 1–10, Berlin 1978.

GRIMM, Paul: Die vor- und frühgeschichtliche Besiedlung des Unterharzes und seines Vorlandes auf Grund der Bodenfunde. Jahresschrift für die Vorgeschichte der sächsisch-thüringischen Länder, Band 18, S. 1–152, Halle/Saale 1930.

GRIMM, Paul: Die Speckseite bei Aschersleben, ein Menhir auf einem endsteinzeitlichen-frühbronzezeitlichen Hügelgrabe. Nachrichtenblatt für Deutsche Vorzeit, 9. Jahrgang, Heft 6, S. 95–96, Leipzig 1933.

GRIMM, Paul: Eine neue Platte der Endsteinzeit von Hornburg, Mansfelder Seekreis. Mannus, 29. Jahrgang, S. 427–437, Leipzig 1937.

GRIMM, Paul: Ein Massengrab der frühesten Bronzezeit bei Elben, Mansfelder Seekreis. Mitteldeutsche Volkheit, Jahrgang 6, Heft 1/2, S. 12–15, Halle/Saale 1939.

GRÖSSLER, Hermann: Das Fürstengrab im großen Galgenhügel am Paulsschachte bei Helmsdorf (im Mansfelder Seekreise). Jahresschrift für die Vorgeschichte der sächsisch-thüringischen Länder, Band 6, S. 1–85, Halle/Saale 1907.

GRÜNBERG, Walter: Frühbronzezeitliche Steinkistengräber von Burk bei Bautzen. Sachsens Vorzeit, 3. Jahrgang 1939, 1. und 2. Teil, S. 21–51, Leipzig 1940.

GRÜNBERG, Walter: Die bronzezeitlichen Schmuckscheiben Sachsens. Sachsens Vorzeit, 5. Jahrgang 1941, Teil 1 und 2, S. 17–25, Leipzig 1942.

HÖFER, Paul: Der Leubinger Grabhügel. Jahresschrift für die Vorgeschichte der sächsisch-thüringischen Länder, Band 5, S. 1–59, Halle/Saale 1906.

HOFFMANN, Richard: Ein tragischer Tod in der Quellzisterne. Germanen-Erbe, 4. Jahrgang, Heft 4, S. 109–112, Leipzig 1939.

HOLTFRETER, Jürgen: Zur Anthropologie der Aunjetitzer des Mittelelbe-Saale-Gebietes. Aus: BACH, Herbert /BACH, Adelheid (Herausgeber): Paläanthropologie im Mittelelbe-Saale-Werra-Gebiet. Weimarer Monographien zur Ur- und Frühgeschichte, Band 23, S. 105–132, Weimar 1989.

HOPF, Maria: Vor- und frühgeschichtliche Kulturpflanzen aus dem nördlichen Deutschland. Kataloge vor- und frühgeschichtlicher Altertümer, Band 22, Mainz 1982.

HUNDT, Hans-Jürgen: Steinerne und kupferne Hämmer der frühen Bronzezeit. Archäologisches Korrespondenzblatt, Jahrgang 5, S. 115–120, Mainz 1975.

JAHN, Martin: Ein kultureller Mittelpunkt bei Halle/Saale während der frühen Bronzezeit. Jahresschrift für mitteldeutsche Vorgeschichte, Band 34, S. 81–89, Halle/Saale 1950.

JAZDZEWSKI, Konrad: Die Uneticer Kultur. Aus: Urgeschichte Mitteleuropas, S. 213–218, Wroclaw 1984.

KEMNITZ, Hans / SIMON, Klaus: Aunjetitzer Steinkistengräber von Dresden-Gostritz. Ausgrabungen und Funde, Band 29, Heft 1, S. 12–15, Berlin 1984.

KUPKA, Paul: Studien und Forschungen zur Kenntns der Bronzezeit in der Altmark 2. Beiträge zur Geschichte, Landes- und Volkskunde der Altmark, Band 5, S. 406–426, Stendal 1925–1930.

LENERZ-DE WILDE, Majolie: Überlegungen zur Funktion der frühbronzezeitlichen Stabdolche. Germania, Jahrgang 69, 1. Halbband, S. 25–48, Frankfurt/Main 1991.

MANDERA, Heinz-Eberhard: Zur inneren Gliederung der Aunjetitzer Kultur. Auszug aus der Inaugural-Dissertation zur Erlangung des Doktorgrades der Philosophischen Fakultät der Philipps-Universität zu Marburg, Marburg 1952.

MANDERA, Heinz-Eberhard: Versuch einer Gliederung der Aunjetitzer Kultur in Mitteldeutschland. Jahresschrift für

mitteldeutsche Vorgeschichte, Band 37, S. 1–60, Halle/
Saale 1963.

MATTHIAS, Waldemar: Das mitteldeutsche Briquetage –
Formen, Verbreitung und Verwendung. Jahresschrift für
mitteldeutsche Vorgeschichte, Band 45, S. 119–225, Halle/
Saale 1961.

MATTHIAS, Waldemar: Die Salzproduktion – ein bedeutender Faktor in der Wirtschaft der frühbronzezeitlichen Bevölkerung an der mittleren Saale. Jahresschrift für mitteldeutsche Vorgeschichte, Band 60, S. 373–394, Halle/Saale
1976.

MATTHIAS, Waldemar / SCHULTZE-MOTEL, Jürgen:
Kulturpflanzenabdrücke an Gefäßen der Schnurkeramik und
der Aunjetitzer Kultur aus Mitteldeutschland. Jahresschrift
für mitteldeutsche Vorgeschichte, Band 55, S. 113–134,
Halle/Saale 1971.

MICHELS, Erich / ERDNISS, Jürgen: Aunjetitzer und Bern-
burger Siedlung von Burgdorf, Ldkr. Goslar, am linken
Okerufer. Die Kunde, Jahrgang 7, Nr. 9, S. 133–151, Hanno-
ver 1939.

MILDENBERGER, Gerhard: Mitteldeutschlands Ur- und
Frühgeschichte, Leipzig 1959.

MIRTSCHIN, Alfred: Funde der ältesten Bronzezeit im
nordsächsischen Elbegebiet. Mannus, Band 33, S. 3–48,
Leipzig 1941.

MÜLLER, Detlef W.: Die späte Aunjetitzer Kultur des Saa-
legebietes im Spannungsfeld des Südostens Europas. Jahresschrift für mitteldeutsche Vorgeschichte, Band 65, S. 107–
127, Halle/Saale 1982.

MÜLLER, Detlef W.: Große Steine, alte Zeichen. Jung-
steinzeitliches Bildgut in Grabbrauch und Religion. Archäologie in Sachsen-Anhalt, Heft 1, S. 20–26, Halle/Saale 1991.

MÜLLER, Wilhelm: Die Skelette des Leubinger Grab-
hügels.Jahresschrift für die Vorgeschichte der sächsisch-thüringischen Länder, Band 5, S. 60–77, Halle/Saale
1906.

NEUMANN, Gotthard: Die Entwicklung der Aunjetitzer
Keramik in Mitteldeutschland. Prähistorische Zeitschrift,
Band 20, 1./2. Heft, S. 70–144, Berlin 1929.

NIQUET, Franz: Ein mehrmals besiedelter Platz auf dem
Lietfeld, Gemarkung Werlaburgdorf (früher Burgdorf), Kreis
Goslar. Neue Ausgrabungen und Forschungen in Nieder-
sachsen, Band 7, S. 74–80, Hildesheim 1972.

OTTO, Karl-Heinz: Die sozialökonomischen Verhältnisse
bei den Stämmen der Leubinger Kultur in Mitteldeutschland. Ethnographisch-archäologische Forschungen, Band 3,
Berlin 1955.

RIEHM, Karl: Die Formsalzproduktion der vorgeschichtlichen Salzsiedestätten Europas. Jahresschrift für mitteldeutsche Vorgeschichte, Band 44, S. 180–217, Halle/
Saale 1960.

RYZNER, Cenék: Radové hroby blize Unetice. Pámatky archaeologické, Band 11, S. 289–308, Prag 1878–81.

SCHMIDT, Berthold / NITZSCHKE, Waldemar: Ein früh-
bronzezeitlicher „Fürstenhügel" bei Dieskau im Saalkreis.
Ausgrabungen und Funde, Band 25, Heft 4, S. 179–185,
Berlin 1980.

SCHMIDT-THIELBEER, Erika: Ein Friedhof der frühen
Bronzezeit bei Nohra, Kreis Nordhausen. Jahresschrift für
mitteldeutsche Vorgeschichte, Band 39, S. 93–114, Halle/
Saale 1955.

SCHOTT, Lothar: Eine bevölkerungsbiologische Arbeitshy-
pothese in Anwendung auf die Ethogenese der Aunjetitzer
Kultur im Mittelelbe-Saale-Gebiet. Jahresschrift für mittel-

deutsche Vorgeschichte, Band 60, S. 425–431, Halle/Saale 1976.

SCHULZ, Walther: Die ältesten Trensenknebel aus Mitteldeutschland. 1. Ein Aunjetitzer Begräbnisplatz mit aufgezäumtem Pferd von Gleina, Kreis Querfurt. Jahres schrift für die Vorgeschichte der sächsisch-thüringischen Länder. Band 20, S. 9–10, Halle/Saale 1931.

SCHULZ, Walther: Bernstein in Mitteldeutschlands Vorzeit. Mitteldeutsche Volkheit, Heft 6, S. 2–6, Halle/Saale 1939.

SCHULZ, Walther: Die Axt. Waffe – Hoheitszeichen – Sinnbild. Mitteldeutsche Volkheit, Heft 6, S. 66–73, Halle/Saale 1939.

SCHWIDETZKY, Ilse: Neolithische und frühbronzezeitliche Menschenfunde aus der DDR. Fundamenta, Reihe B, Band 3, S. 93–119, Köln 1978.

SIMON, Klaus: Die erste Aunjetitzer Befestigung nördlich des Erzgebirges in Mutzschen, Kreis Grimma. Ausgrabungen und Funde, Band 30, Heft 1, S. 28–32, Berlin 1985.

SIMON, Klaus: Gräberfeld und Siedlung der Aunjetitzer Kultur bei Dresden-Gostritz. Arbeits- und Forschungsberichte zur sächsischen Bodendenkmalpflege, Band 29, S. 35–85, Dresden 1985.

SIMON, Klaus: Höhensiedlungen der älteren Bronzezeit im Elbsaalegebiet. Jahresschrift für mitteldeutsche Vorgeschichte, Band 73, S. 287–330, Halle/Saale 1990.

SIMON, Klaus: Altbronzezeitliche Höhensiedlungen in Sachsen. Aus: Beiträge zur Geschichte und Kultur der mitteleuropäischen Bronzezeit, Teil II, S. 421–442, Berlin/Nitra 1990.

SPEHR, Reinhard: Neue Aunjetitzer Gräber vom „Burker Berg" bei Bautzen. Ausgrabungen und Funde, Band 12, Heft 2, S. 60–73, Berlin 1967.

THIEME, Hartmut: Hausgrundrisse und Bestattungen der frühbronzezeitlichen Aunjetitzer Kultur in Esbeck, Ldkr. Helmstedt. Ausgrabungen in Niedersachsen. Archäologische Denkmalpflege 1979–1984. Herausgegeben von der Archäologischen Denkmalpflege im Institut für Denkmalpflege, Niedersächsisches Landesverwaltungsamt durch Klemens Wilhelmi. Berichte zur Denkmalpflege in Niedersachen, Beiheft 1, S. 142–144, Stuttgart 1985.

ULLRICH, Herbert: Methodische Bemerkungen zur Untersuchung von drei Schädeltrepanationen aus der Frühbronzezeit von Großbrembach. Ausgrabungen und Funde, Band 3, Heft 6, S. 395–399, Berlin 1958.

ULLRICH, Herbert: Anthropologische Untersuchungen zur Frage nach der Entstehung und Verwandtschaft der thüringischen, böhmischen und mährischen Aunjetitzer. Das Aunjetitzer Gräberfeld von Großbrembach. Veröffentlichungen des Museums für Ur- und Frühgeschichte Thüringens, Band 3, erster Teil, S. 7–155, Weimar 1972.

VOIGT, Theodor: Ein neuer Bildstein in einem bronzezeitlichen Steinpackungsgrab. Mitteldeutsche Volkheit, Band 6, S. 75–78, Halle/Saale 1939.

WALTER, Diethard: Frühbronzezeitliche „Sonderbestattungen" aus Herbsleben, Kr. Bad Langensalza. Ausgrabungen und Funde, Band 28, Heft 5, S. 225–231, Berlin 1983.

WALTER, Diethard: Frühe Bronzezeit. Aus: HERRMANN, Joachim (Herausgeber): Archäologie in der Deutschen Demokratischen Republik. Denkmale und Funde 1, S. 85–90, Leipzig 1989.

WALTER, Diethard: Siedlungshinterlassenschaften der Aunjetitzer Kultur bei Sundhausen, Kr. Nordhausen. Alt-Thüringen, Band 25, S. 31–60, Weimar 1990.

WÜSTEMANN, Harry: Zur Funktion bronzezeitlicher Dolche. Aus: Beiträge zur Geschichte und Kultur der mitteleuropäischen Bronzezeit, Teil II, S. 557–566, Berlin/Nitra 1990.

WÜSTEMANN, Harry: Dolche und Schwerter – Der Waffenschmied und seine Technik. Aus: JOCKENHÖVEL, Albrecht / KUBACH, Wolf: Bronzezeit in Deutschland, Sonderheft der Zeitschrift „Archäologie in Deutschland", S. 86–88, Stuttgart 1994.

ZICH, Bernd: Zur Nordwestgrenze der Aunjetitzer Kultur. Prähistorische Zeitschrift, Band 62, S. 52–77, Berlin 1987.

Bildquellen

Reproduktionen aus PROBST, Ernst: Deutschland in der Bronzezeit, München 1996

Monstern auf der Spur
Wie die Sagen über Drachen,
Riesen und Einhörner entstanden

Rekorde der Urzeit
Landschaften, Pflanzen und Tiere

Meine Worte sind wie die Sterne
Die Rede des Häuptlings Seattle
und andere indianische Weisheiten
(zusammen mit Sonja Probst)

Bücher von Doris Probst

Weisheiten und Torheiten
über das Alter

Weisheiten und Torheiten
über die Arbeit

Weisheiten und Torheiten
über die Ehe

Weisheiten und Torheiten
über Frauen

Weisheiten und Torheiten
über Kinder

Weisheiten und Torheiten
über die Liebe

Weisheiten und Torheiten
über Männer

Weisheiten und Torheiten
über Mütter

Der Ball ist ein Sauhund
Weisheiten und Torheiten
über Fußball
(zusammen mit Ernst Probst)

Worte sind wie Waffen
Weisheiten und Torheiten
über die Medien
(zusammen mit Ernst Probst)

*

Bestellungen bei http://www.libri.de

Weblinks

Welt der Eisenzeit
http://welt-der-eisenzeit.blogspot.com

Welt der Bronzezeit
http://welt-der-bronzezeit.blogspot.com

Welt der Steinzeit
http://welt-der-steinzeit.blogspot.com

Welt der Geschichte
http://welt-der-geschichte.blogspot.com

Welt des Wissens
http://welt-des-wissens.blogspot.com

Archäologie-Welt
http://archaeologie-welt.blogspot.com

Rekorde der Urzeit
http://rekorde-der-urzeit.blogspot.com

archaeologie-news
http://archaeologie-news.blog.de

biografien-news
http://biografien-news.blog.de

fossilien-news
http://fossilien-news.blog.de

natur-news
http://natur-news.blog.de

wissenschafts-news
http://wissenschafts-news.blog.de